PETER PAN

Traduction française :

22, rue Huyghens, 75014 Paris
www.albin-michel.fr

Adaptation française :
Frédérique Fraisse

ISBN : 2-226-15006-4
Dépôt légal : février 2003
n° d'édition : 22 166

Achevé d'imprimer en France par Pollina, Luçon - n° L92160

PETER PAN

L'Album du film

Par Namrata Tripathi
D'après le scénario du film de P.J. Hogan et de Michael Goldenberg
D'après l'histoire originale de J.M. Barrie
Traduit de l'anglais par Frédérique Fraisse

Albin Michel

Dans la même série

Pour les 4-6 ans :

Au Pays Imaginaire

Le Voyage

À partir de 8-10 ans :

Les Aventures au Pays Imaginaire

À partir de 10 ans :

La Légende - Roman du film

Wendy Darling a douze ans, l'âge où l'on commence à devenir adulte.

Ses parents pensent qu'il est temps qu'elle ait sa chambre. Wendy préfère partager la nursery avec ses deux jeunes frères, John et Michael. La pièce remplie de jouets possède une grande fenêtre qui donne sur la ville et Wendy adore y raconter des histoires.

Peu importe le début de l'histoire, elle se termine toujours ainsi : dès que les personnages croisent des pirates, Wendy et ses frères s'engagent dans des batailles mémorables ! Le redoutable capitaine Crochet est leur pirate préféré. Un crochet en fer remplace sa main droite.

Nana, leur nourrice, les regarde s'amuser.

Nana est en réalité un très gros chien qui a l'ouïe fine ! Une nuit, elle entend un bruit au dehors. Wendy, John et Michael se précipitent à la fenêtre, mais ne voient rien, mis à part une étoile filante… Croient-ils !

Les enfants ne sont pas les seuls à écouter les histoires de Wendy.
Un garçon les épie par la fenêtre. Soudain, il entre en volant dans la nursery.
Wendy l'aperçoit.
Il est pris au piège !

Il s'appelle Peter Pan.
« Où habites-tu ? demande Wendy.
— Suis les étoiles ! Deuxième à droite, puis droit devant jusqu'au matin. »
Wendy veut en savoir plus.
« Quel âge as-tu ?
— Je suis très jeune. »
Wendy ne comprend pas.
« Tu ne sais pas ton âge ? »
Peter lui explique qu'il s'est enfui de chez lui parce qu'il ne voulait pas grandir. Au Pays Imaginaire, il resterait à jamais un petit garçon.

Peter aime répéter les histoires de Wendy à ses amis là-bas, les Garçons Perdus. Wendy en est enchantée.

« Peter, j'aimerais te donner un baiser ! », s'exclame-t-elle.

Peter ignore le sens du mot « baiser » ! Il ne connaît pas l'amour d'un père et d'une mère. Wendy lui donne un dé à coudre à la place. Peter lui offre un gland qu'elle suspend à sa chaîne.

Quelque chose d'étrange se produit. Une boule de lumière se précipite sur Wendy, la prend par les cheveux et l'éloigne de Peter !

Il s'agit de Clochette, l'amie de Peter. Pas très sympathique, cette fée ! se dit Wendy. La fillette est sur le point de demander si les fées existent vraiment, quand Peter l'interrompt :
« Non ! À chaque fois que quelqu'un pose cette question, une fée meurt dans le monde ! »
Puis il suit Clochette qui vient de s'envoler par la fenêtre.

« Ne pars pas !, s'écrie Wendy. Je connais plein histoires !
— Suis-moi », lui suggère Peter.
Wendy réfléchit une seconde. Là-bas, les adultes et leurs soucis n'existent pas. Cela lui convient !

Peter invite également les frères de Wendy. Mais avant de partir, Peter doit leur apprendre à voler.
« Une pensée agréable suffit pour s'envoler dans les airs », leur explique-t-il.
Clochette les saupoudre de pollen des fées et en route, mauvaise troupe !

Peter demande à Clochette de s'assurer que Wendy atterrira en douceur. Seulement la fée déteste la fillette ! Elle raconte un mensonge aux Garçons Perdus : Wendy est un oiseau que Peter voulait abattre. La fée étant une amie de Peter, ils lui obéissent.
Bon Zig décoche une flèche en direction de Wendy qui s'écrase par terre ! Quelle n'est pas leur surprise quand ils l'examinent.
« Ce n'est pas un oiseau !, s'exclame La Plume.
— C'est une dame ! », rectifie Le Frisé.

Les garçons ont honte de leur geste. Par chance, ils s'aperçoivent, au retour de Peter, que Wendy n'est pas morte. La flèche a heurté le gland qu'elle portait encore à son cou. Son « baiser » lui a sauvé la vie. Vite ! Ils construisent une maison autour de Wendy pour qu'elle se remette de sa chute.

Wendy est réveillée par un coup à sa porte. Elle ouvre et découvre les Garçons Perdus, à genoux devant elle.
« S'il te plaît, deviens notre maman !
— Mais je n'ai pas d'expérience.
— Tu sais raconter des histoires ? Alors, tu seras parfaite ! », lui répliquent les garçons.

Things were simpler when

Proud and insolent youth

Puis les garçons poussent Wendy dans le tronc creux d'un arbre ! Elle se retrouve dans une salle souterraine : le repaire des Garçons Perdus.

— Bienvenue, petite maman, dans notre chaleureuse maison !, l'accueille Peter.

Ils sont enchantés d'avoir tout à coup une maman et un papa. Wendy essaie d'endosser le rôle de mère. Ses parents lui semblent si loin à présent. Soudain, elle se souvient de... ses frères !

Pendant le voyage, John et Michael se sont écrasés dans la jungle. Là, ils ont rencontré une Indienne nommée Princesse Lily la Tigresse, qui, sans le vouloir, leur a joué un mauvais tour. À cause d'elle, le terrible capitaine Crochet les retient à présent prisonniers !

Célèbre pour ses pillages, sa bande de pirates et sa cruelle épée, le capitaine Crochet est la terreur des océans. Crochet déteste tout le monde et hait une personne en particulier : Peter Pan. En effet, c'est à cause de lui qu'il a perdu sa main droite. Un crocodile géant lui a dévoré le bras et avalé son réveille-matin.

Depuis, le reptile pourchasse le pirate dans l'espoir de le manger tout entier. Crochet doit sa survie au réveil qui fait encore tic-tac dans l'estomac du crocodile et l'avertit de son approche ! Le capitaine souhaite mettre la main sur Peter avant de se faire dévorer. Le pirate décide d'utiliser les frères Darling comme appât pour capturer Peter.

Peter promet à Wendy de l'aider à sauver ses frères. Il convoque cinq sirènes en leur jouant un air de flûte. Wendy trouve leur chant mélodieux, alors qu'elles apportent de mauvaises nouvelles.
« Crochet retient tes frères au Château des Ombres ! », lui traduit Peter.

Prêts à en découdre, Peter et Wendy se précipitent au château en ruines de Crochet. Sur place, Peter tend une épée étincelante à Wendy qui pare toutes ses attaques. Peter est impressionné qu'elle sache déjà se battre et Wendy est très fière d'elle.

Avant de débusquer le capitaine, le rusé Peter se cache derrière un dragon en pierre et imite la voix de Crochet. Les pirates s'apprêtent à jeter John, Michael et Princesse Lily la Tigresse par-dessus bord.
« Libérez-les ! », leur ordonne-t-il.
Et les pirates obéissent ! Quant au vrai Crochet, il entre dans une colère monstre quand il découvre le subterfuge.

« Fini de jouer, mon garçon !, gronde Crochet qui n'effraie pas son adversaire une seule seconde.
— Prêt à perdre l'autre main ? », claironne Peter, avant de croiser le fer avec le capitaine.

Peter ne tue pas Crochet mais lui joue un nouveau tour et fait sortir ses amis vivants du château. Cette nuit-là, les Garçons Perdus fêtent leur retour autour d'un grand feu de joie. Wendy persuade même Peter de danser !

« Ce sera une aventure différente ! », lui promet-elle.

Peter n'apprécie pas du tout cette danse qui lui donne l'impression d'être un adulte.

Peter serait encore plus nerveux s'il savait que Crochet observe leur petite fête.
Dans la forêt, le capitaine a rencontré Clochette que Peter a chassée pour avoir blessé Wendy. Un sourire ravageur aux lèvres, il a dit à la fée :
— Il faudrait qu'on discute, toi et moi !

À la fin de la danse, Wendy rentre chez elle. Tombée dans un profond sommeil, elle ne s'aperçoit pas qu'on enlève sa maison ! Clochette a prévenu les pirates que Wendy vit seule. La fillette se réveille sur le *Jolly Roger* et se précipite dans la cabine du capitaine Crochet.

« Il paraît que tu t'es enfuie de chez toi, commence Crochet.
— Mes parents voulaient que je grandisse. »
Crochet aime critiquer les adultes :
« Les pauvres… avec leur soucis des apparences, leurs préoccupations. Quel veinard, ce Pan ! Il n'a pas tous ces tracas ! Comme tu vois, j'ignore les mots pitié et amour ! »

Crochet apporte le dîner à Wendy qui est sur le point de pleurer.

« Tu aimerais être un pirate, Wendy ?

— Ça m'aurait plu de m'appeler Jenny-Mains-Rouges, murmure la fillette.

— Quel beau surnom ! On te nommera ainsi si tu te joins à nous. Tu nous raconteras des histoires... »

Wendy lui promet de réfléchir à sa proposition.

De retour à la cachette des Garçons Perdus, Wendy en conclut que les pirates et Peter Pan sont de la même espèce. Elle en a assez. Bien que désolé, Peter ne fait rien pour la convaincre de rester et demande à une fée de reconduire les Darling chez eux. « N'oublie pas, Wendy, que je serai toujours là, en train de m'amuser. »

Au moment où les enfants sortent de leur maison souterraine, Crochet et ses hommes les capturent tous ! Clochette les a trahis. Cependant, le cruel pirate est incapable de glisser son crochet à travers les racines pour tuer Peter assoupi. Crochet décide donc de l'empoisonner. Quand Peter se réveillera, le poison l'attendra dans une coupe à côté de son lit.

Peter ne boit pas le poison. Clochette essaie de l'avertir des projets de Crochet et avale la mixture à sa place pour lui prouver sa bonne foi. Peter est horrifié. Clochette va mourir par sa faute ! Il doit absolument la sauver, alors il crie de toutes ses forces :
« Je crois aux fées ! »

Sur le bateau des pirates, les hommes de Crochet se félicitent d'avoir enfin vaincu Peter Pan. Soudain, une chose étrange se produit.
L'un d'eux s'écrie :
« Je crois aux fées.
Je crois aux fées ! »
Un autre l'imite.

Puis un autre ! Le bateau entier, le monde entier reprend en chœur ! Comme par magie, Clochette revient à la vie. Wendy est ligotée au mât, mais elle sait que Peter se cache derrière ce cri. Crochet aussi est persuadé d'une chose : il n'en a pas terminé avec Peter Pan.

Décidé à régler son compte à Peter une bonne fois pour toutes, Crochet s'en prend à Wendy pour le défier. Alors que la fillette s'avance sur la planche étroite, Crochet entend un tic-tac et se dépêche de la pousser par-dessus bord. Le crocodile aura enfin quelque chose à se mettre sous la dent !

Toujours ce fichu tic-tac ! Le crocodile n'est-il donc pas rassasié ? Crochet s'apprête à lui donner en pâture les garçons, un à un, quand il entend le tic-tac au-dessus de lui. Le crocodile vole ! Après enquête, les pirates découvrent qu'il s'agit de Clochette qui vole avec un réveil ! Une fois de plus, Crochet a été berné. Il pivote et se retrouve nez à nez avec Peter.

Tandis que Crochet et Peter se battent à l'épée, Wendy libère les garçons. Grâce à Peter et Clochette qui l'ont rattrapée dans sa chute, elle n'a pas été dévorée ! À présent, les garçons et les pirates livrent bataille entre les mâts et les voiles du bateau.

Alors que Peter effectue des cercles au-dessus de Crochet, celui-ci se saupoudre de pollen des fées et s'envole à son tour !

Tandis que leurs lames s'entrechoquent, Crochet le nargue :
« Ta Wendy s'en va, Pan ! Elle préfère grandir que rester avec toi ! »
L'humiliation ôte toutes ses pensées agréables à Peter. Profitant de son malaise, le pirate l'épingle contre le pont. Wendy se précipite pour s'emparer de son crochet mais est prise au piège.

Wendy veut offrir un cadeau à Peter avant sa mort.
« C'est juste un dé à coudre », explique-t-elle.
En réalité, il s'agit d'un baiser ! De même que la mélopée a revigoré Clochette, ce baiser ragaillardit Peter.

Son visage devient tout rose, il éclate de joie dans le ciel, dessine des dizaines de ronds et hurle à pleins poumons :
« Tu as tort, Crochet. On m'aime ! »

Crochet vole parce qu'il pense vaincre Peter. À présent, il redescend en piqué tandis que Peter mugit :
« Tu es vieux ! Tu es tout seul ! Tu es fichu ! »
Les enfants reprennent cette phrase tous ensemble et Peter guide Crochet dans sa chute. Il ne le fait pas atterrir sur le pont du bateau, mais droit dans la gueule ouverte du crocodile qui l'avale… tout cru !

Peter bondit sur le pont et répète : « On m'aime ! On m'aime ! » Wendy sait alors qu'il est temps qu'elle rentre. Elle est prête à devenir une adulte.

Coiffé du chapeau de Crochet, Peter s'empare du gouvernail.
« Où allons-nous, capitaine ? demande Wendy.
— Sur le continent, Mam'zelle. Où notre voyage se termine. »

Things were simpler when

Proud and insolent youth

La nursery est telle qu'ils l'ont laissée. M. et Mme Darling n'ont pas fermé la fenêtre au cas où les enfants décident de rentrer à la maison. Chaque soir, ils regardent les étoiles et se demandent ce que sont devenus Wendy, John et Michael.

Mme Darling n'en croit pas ses yeux ce matin-là. Elle entre dans la nursery et trouve ses trois enfants dans leur lit. Peter observe leurs joyeuses retrouvailles depuis son perchoir devant la fenêtre. Wendy entend un bruissement et se glisse hors du lit pour lui demander :

« Tu ne m'oublieras pas, dis ? »

Peter ne l’oublia jamais.